MÜNCHNER ELEGIEN

MÜNCHNER ELEGIEN

PHOTOGRAPHIEN VON CHRISTOPHER THOMAS

1999–2005

Mit Texten von

Christian Ude und Herbert Riehl-Heyse

SCHIRMER/MOSEL

Für Nina

CHRISTIAN UDE

Eine andere Stadt?

I. DER MAGISCHE BLICK

Die ältesten Photos, die uns erhalten blieben, haben einen magischen Reiz. Dabei meine ich nicht die Portraits erstarrter Urgroßeltern, die im Atelier vor dekorativen Kulissen posieren und mit ihrer gespreizten Würde mehr Komik als Magie verbreiten, und auch nicht die Abbildungen von Kulturdenkmälern, von denen wir viel ältere Stahlstiche aus noch früheren Jahrhunderten kennen. Ich meine die ersten experimentellen Aufnahmen, Daguerreotypien und allererste Photographien, die eher zufällig ausgewählte Alltagsmotive zeigen – zum Beispiel einen Straßenzug in einem Pariser Vorort. Einerseits präzise Detailgenauigkeit, andererseits eine zutiefst unwirkliche Stimmung. Diese Wirkung liegt nicht daran, daß die Bilder vergilbt sind, dank ihrer Patina offensichtlich aus längst vergangenen Zeiten herübergrüßen – so eine Färbung läßt sich mit einem Mausklick im Photoshop bei jedem Bild im Handumdrehen bewerkstelligen und schafft doch noch lange keine Magie. Es liegt auch nicht am Alter der abgebildeten Straßenzüge: Viel älteres Gemäuer steht auch heutzutage noch als Motiv zur Verfügung und hat nichts Unwirkliches an sich.

Man merkt es erst bei längerer Betrachtung: Die Straßenszenen wirken irreal, weil sie bei hellstem Tageslicht aufgenommen wurden und dennoch keinen einzigen Menschen, keine Aktivität, keine Bewegung zeigen. Realität, die so realitätsfern wirkt wie eine Theaterkulisse ohne Schauspieler. Dabei fand, als die Aufnahmen erstellt wurden, natürlich Leben statt. Pferdefuhrwerke holperten das Kopfsteinpflaster entlang, Tagelöhner machten ihre Besorgungen, Bürger flanierten das Trottoir entlang. Aber wegen der extrem langen Belichtungszeiten sieht man sie nicht. Sie haben sich durch ihre Bewegung aus dem Bild entfernt. Der Betrachter ist der einzige Mensch, der sich hier »im Bilde« befindet. Und er spürt, daß hier mehr Leben sein müßte, das allerdings »weggezaubert« wurde.

So entstanden – technisch bedingt – Stadtansichten ohne Leben, ohne Passanten, ohne erahnbaren Großstadtlärm, voller Leere und Stille. Solche Ansichten haben ihren eigenen Reiz. Christopher Thomas hat ihn neuerlich aufgespürt. Ausgerechnet in München.

II. DIE ANDEREN ANSICHTEN

Dabei ist München doch ganz anders! Voller barocker Fülle, voll drallen Lebens, wie nicht oft genug betont und dokumentiert werden kann. Da ragen die backsteinroten Frauentürme mit ihren grünschimmernden welschen Hauben in weißblaues Gewölk und die goldglänzende Patrona Bavariae auf der Mariensäule aus dem farbigen Getümmel der Fußgängerzone, da leuchtet die Theatinerkirche in festlichem Ocker vor dem mediterranen blauen Himmel, als ob es in der nördlichsten Stadt Italiens immer solches Wetter gäbe, da glaubt man auf dem Königsplatz, irgendwo in Griechenland zu sein, und im

Garten des Lenbachhauses wähnt man sich auf Besuch in einer toskanischen Villa, in den Biergärten und im Hofbräuhaus feiern Touristen ein nicht endenwollendes Fest, aus historischem Anlaß tanzt die Gruppe der Schäffler mit knallroten Joppen und grünen Kappen, überall schleppen vollbusige Kellnerinnen schäumende Maßkrüge und knackige Brezn an, auf der Wiesn schießen die grellbunt erleuchteten Fahrgeschäfte juchzende und jauchzende Gäste in die Höhe oder schleudern sie im Kreis herum, während in den Zelten die Lebensfreude über alle Ufer tritt und aus allen Nähten platzt: So kennen wir München aus einer Unzahl von Bildbänden, so muß es sein. Die vertraute Bilderflut voller Formenreichtum und Farbenpracht ist ja auch kein Trugbild. Die Stadt ist tatsächlich so, zumindest gelegentlich und an den Orten und Schauplätzen, an denen sie sich wirkungsvoll inszeniert als Stadt der Lebensfreude.

Aber München ist nicht immer so und nicht überall. Es gibt auch Stadtlandschaften der Stille, Stadtansichten, die nicht vom Auftrumpfen, sondern von der Bescheidenheit leben, Situationen fernab lärmender Geselligkeit oder neugieriger Touristenströme, abgeschiedene Winkel, deren Poesie sich erst auf den zweiten Blick erschließt. Nicht jedes Motiv muß »typisch münchnerisch« sein. Aber es ist typisch für München, die Stadt der scheinbar schwerelos vereinten Widersprüche, daß auch solche Ansichten zu finden sind, die nicht in das Bild passen, das man von München vermittelt bekam.

München ist immer mehr als das Bild, das man sich bereits gemacht hat. Vor allem mehr, als jedes Klischee erzählen will. Wenn man ganz genau hinsieht, kann München sogar vornehm dezent (und nicht nur kurfürstlich barock oder aufdringlich neureich), ländlich schlicht (und gar nicht urig rustikal) oder nachdenklich introvertiert (statt exaltiert wie die Münchner Society) sein.

Liebhaber toskanischer Dörfer, spanischer Landstriche oder griechischer Inseln besuchen ihre persönlichen Wallfahrtsorte am liebsten außerhalb der Hochsaison, wenn die Charterflüge für Touristenströme noch nicht begonnen haben oder bereits eingestellt wurden. Der Reiz der Vor- oder Nachsaison. Vorfreude oder Wehmut, aber um Himmels willen nicht die kollektive Jagd nach Befriedigung während der Auslastung aller Kapazitäten.

München hat nicht nur *eine* Hochsaison, sondern mehrere im Jahr. Der Münchner Kalender kennt nicht nur vier Jahreszeiten, sondern zusätzlich zum blühenden Frühling in den zahlreichen Parks und Gärten, zum satten Sommer in Biergärten und an Badeseen, zum goldgelben Herbst und zum Winter mit Skifahren in den nahen Alpen und Schlittschuhlaufen auf Seen und Kanälen die besonderen »Münchner Jahreszeiten«: den Fasching zum Beispiel, der mal berühmt war, aber bald nur noch urkundlich nachgewiesen werden kann, die Starkbierzeit, deren Eröffnung am Nockherberg längst bundesweit beachtet und geschätzt wird, den Kultursommer mit Opernfestspielen, Filmfest und Tollwoodfestival, die beiden Wiesnwochen, die Millionen anziehen und Hunderttausende in Kleider zwingen, die ortsansässige Designer für »zeitgemäß bayrisch« halten, schließlich die »staade Zeit«, die mit Christkindlmarkt und immer mehr Weihnachtsmärkten in vielen Vierteln auf den Konsumrausch vor dem Weihnachtsfest einstimmt. Das alles ist Hochsaison. Aber der Kenner kommt vorher oder nachher.

Zum Beispiel in den Nymphenburger Schloßpark, wenn die antikisierenden Skulpturen noch oder bereits winterfest mit Holzplanken eingerüstet sind, als hätte sie Christo verpackt, um uns neue Sichtweisen beizubringen. Oder Biergärten, wenn der Sommer und die Gäste bereits gegangen sind: welche Melancholie, wenn man den Sommer in der Erinnerung nochmals

Revue passieren läßt, aber nur leere, verwitterte Tischplatten sieht. Oder auf den Königsplatz, wenn der erste Schnee gefallen ist und Antikensammlung und Glyptothek unwirklich im weißen Umfeld schweben, als wären sie noch eine philhellenische Vision von Ludwig I. und nicht längst eine städtebauliche Realität.

IV. EIN TRAUM VOM FLUSS

Sehr plastisch erinnere ich mich an einen Frankfurter Wahlkampf vor vielen Jahren. Der sozialdemokratische Bewerber, ein früherer Bundesforschungsminister, wollte mit einer ganz kühnen Vision an die Öffentlichkeit treten. Mit einer großen Utopie, nach dem Motto: *I had a dream* … Sein Traum war einleuchtend: Mitten in Frankfurt, in Mainhattan, sollte der große Fluß der Stadt wieder wie ein Fluß aussehen, mitten im versteinerten Umfeld eine natürliche Flußlandschaft bekommen; natürlich nur einen Abschnitt lang, vielleicht ein paar hundert Meter, mehr war nie drin, aber immerhin ein Stück lang, damit man wieder spürt: Das ist ein Stück Natur in der Stadt.

In Hongkong erzählte mir der Dezernent für Stadtentwicklung, was das verwegenste Projekt dieser weltweit führenden Metropole sei: »clean water« in der Bucht der Dschunken, damit die Menschen wieder gefahrlos mit dem Wasser in Berührung kommen können.

Als Münchner wird man da leicht überheblich. Denn diese Zukunftsvisionen sind hier längst verwirklicht, nicht ein paar hundert Meter lang, sondern bis hinauf zu den Alpen und hinunter bis zur Donau. Eine Flußlandschaft zieht sich durchs Oberland, durch die Millionenstadt und weiter bis Freising, bis Landshut … Mit Auen, Liegewiesen, Büschen und Baumgruppen und einer dramatischen Hangkante, mit einem Fluß, den das Programm »Renaturierung der Isar« von manchem betonierten Kanalbecken wieder befreit hat.

Schon Sigi Sommer, der Hinterhofpoet der Münchner Vorstädte, hat die Isar so beschrieben: »Sie frägt sich in vielen Windungen durch München hindurch: ›Sie bittscheen, wo geht's denn da nach Freising?‹« Der Sommer Sigi verstand etwas von der Isar, denn er hat als Bub und dann als Halbstarker dort seine Freizeit verbracht, erst auf der Suche nach flachen Steinen, die man mehrmals auf der Wasseroberfläche hupfen lassen kann, dann auf der Suche nach erotischen Abenteuern mit Giesinger Mädchen am Eis-Kiosk. Er wandelte im Isartal auf den Spuren seines Vaters, denn der hatte dort den Münchner Cowboy Club gegründet und hoch zu Pferd mit prachtvollem Federschmuck den Großen Häuptling Abendwind gegeben. Ich habe nie einen wehmütigeren Namen zur Erinnerung an vergangene Zeiten gehört als diesen: Großer Häuptling Abendwind. Poesie der Vorstadt, wie sie nur im Isartal, dem Drehort der ersten Wildwest-Stummfilme, entstehen konnte.

Dieser Fluß mit seinen Seitenarmen, seinen Brücken und Wasserschnellen, mit seinen Spiegelungen und seinem Nebel lädt immer wieder dazu ein, Traumbilder zu entdecken. Träume, die es schon gibt. Bilder, von denen man in anderen Städten nur träumen kann.

V. DAS KINDERKARUSSELL

Kinderkarussells waren nie so faszinierend, wie Eltern und vor allem Großeltern glaubten. Beim Spaziergang durch den Englischen Garten gab es viel Aufregenderes zu entdecken als das Karussell ganz hinten unter den Kastanienbäumen, beispielsweise Büsche zum Versteckspielen, Kletterbäume, schlanke Birken, die zumindest als Marterpfahl taugten, und spielende Hunde, die man Stöckchen apportieren lassen konnte. Und erst die Wiesn! Da lockten die Gerüche von Zuckerwatte und gebrannten Mandeln und von Brathendln und Steckerlfischen, da wurde man in den Bann gezogen von Motorradrennen an der

Steilbahn und der marktschreierischen Anpreisung der Dame ohne Unterleib, vom Mißgeschick der Altersgenossen auf dem Teufelsrad und den schaurig gruseligen Drohungen des Schichtl, gleich einen Besucher auf hell erleuchteter Bühne zu köpfen – aber doch nicht vom Kinderkarussell, das sich albern im Kreise drehte, mit Holzpferden und geschnitzten Schwänen kein spannendes Abenteuer versprach und als Riesenrad-Imitat kaum einen Überblick gewährte. Ich weiß nicht, ob ich mir das einbilde, aber ich glaube, mich erinnern zu können, im Kinderkarussell nur mitgefahren zu sein, um der Mutter oder dem Opa einen Gefallen zu tun: Die freuten sich so, wenn der Kleine seine Runden drehte, ganz wie sie selber, damals in der guten alten Zeit. Das ist es: Das Kinderkarussell ist für die Erwachsenen da, die sich gerne nostalgischen Gefühlen hingeben. Deshalb sollte es nicht im Trubel und der Banalität eines knallbunten und lauten Volksfests untergehen, sondern einsam und verlassen herumstehen, im Hirschgarten oder hinter dem Chinesischen Turm oder am Rande der Festwiese, wie übriggeblieben aus einer längst vergangenen Zeit. Nur eine hingehauchte Erinnerung aus einem verblassten Schwarzweiß-Film. An sonnigen Herbsttagen, wenn der Schaustellerbursche die Drehorgel erklingen läßt, findet sich ja vielleicht ein Kind, das so tut, als ob es brennend gerne mitfahren würde.

VI. INDUSTRIEKULTUR

Es ist weitgehend in Vergessenheit geraten, daß München eine Industriestadt ist, weil die Münchner es selbst nicht wahrhaben wollen. Das paßt nicht zur rustikalen Brauchtumspflege, zum barocken Lebensgefühl und zum Selbstverständnis als Kulturstadt. Auch wenn München durch Krauss-Maffei, MAN und Bayerische Motorenwerke und später Siemens groß geworden ist. Das spielte sich am damaligen Stadtrand ab, in Milbertshofen oder ganz im Süden oder draußen im Osten. Und wer schaut schon Milbertshofen an? Dieses Viertel gilt zwar als die tüchtigste Tochter der Stadt, die Touristen kommen aber nach Schwabing, das sich selbst bei seiner Eingemeindung als »schönste Tochter« feierte. Mit Siegestor, Gründerzeitfassaden, Ateliers und Künstlerkneipen. Selbst wenn in Milbertshofen das Geld verdient werden mußte, das in Schwabing ausgegeben wurde.

Mit seiner Industriekultur hat München nie renommiert. Der Glaspalast ist ja auch abgebrannt. Und übriggeblieben ist außer der Großhesseloher Brücke über die Isar praktisch nur die Hackerbrücke über die Gleisanlagen. Mit allen optischen Reizen des Seriellen: eine graphisch wirkungsvolle Skulptur.

Dank der originalgetreu wiederaufgebauten Schrannenhalle hinter dem Viktualienmarkt gibt es im Herzen der Stadt jetzt wenigstens noch eine sinnfällige Erinnerung daran, daß hier auch einmal die industrielle Fertigung eiserner Konstruktionen zu Hause war.

VII. LETZTE RUHE

Zu ihren liebsten Oasen im Häusermeer zählen Kenner die aufgelassenen Friedhöfe, die immer noch hinter hohen Ziegelmauern schlummern und viele Grabsteine und pathetisch trauernde Skulpturen aufweisen, aber seit Jahren schon keine Toten mehr aufnehmen müssen, keine Orte des Abschiedsschmerzes und der Trauer mehr sind. Im Süden der Stadt gibt es eine solche Oase, im Norden auch. Mein Vater, der Kulturjournalist Karl Ude, hat diesen Friedhöfen nachgerühmt, daß hier nicht »der Tod beharrlich weiter vordringt«, sondern »das Leben den Gräbern Fußbreite um Fußbreite abgewinnt«, weil »Efeu und Gräser alle Vergänglichkeit überspielen«. Und weiter: »›Tod, wo ist dein Stachel?‹, fragt ein Grabstein, aber die Kinder behelligt die Frage nicht. Es ist ein milder, ein versöhnlicher, ein stachelloser Tod, mit dem sie es hier zu tun haben.« Abends, wenn der alte Mann auf dem Fahrrad von Tor zu Tor gefahren ist und seinen Schlüssel umgedreht hat, sind die alten Münchner wieder unter sich, die Reichsgrafen, Freiherrn von und Hofräthe, die Kämmerer und Rittmeister und die Rittmeisterswitwen. Und am nächsten Morgen kommen wieder die Sekretärinnen und Rentner, die Liebespaare und die Mütter mit spielenden Kindern ...

Am Jüdischen Friedhof, der auch das Zusammenwachsen der Grabsteine mit der umgebenden Natur kennt, sind es die Namen der Todesorte, die jäh die versöhnliche Stimmung im Schatten großer Bäume und efeubewachsener Gedenksteine zerreißen: Namen von Konzentrationslagern und Mordstätten. Schmerzhafte Stachel, die an Schuld und Verantwortung erinnern.

Historische Last bleibt sichtbar, wenn man vor ihr nicht die Augen verschließt.

HERBERT RIEHL-HEYSE

Gedankenspiel

Wenn jemand zu lange in und mit einer Stadt gelebt hat, dann kann es passieren, daß sie ihm plötzlich abhanden kommt: zu viele Wohnungen, in denen er – sofern er sich noch erinnert – schon mal zum Abendessen eingeladen war, zu viele Straßen, in denen ihm von einem Rabauken die Vorfahrt genommen wurde, zu viele Kneipen, deren Speisekarte er am liebsten nie kennengelernt hätte. Was München angeht, ist die Sache doppelt kompliziert: erstens, weil sich diese Stadt noch mehr als über ihre fulminanten Bauwerke und Kunstschätze über ihre besonders fulminanten saisonalen Events definiert (wer muß als Münchner schon wissen, welche Kostbarkeiten in der Staatlichen Antikensammlung versammelt sind, wenn er doch vor lauter Open-Air-Konzerten auf dem benachbarten Königsplatz, vor lauter Fasching, Starkbierzelt, Oktoberfest ohnehin nie dazu kommt, sich die anzuschauen?). Die zweite Komplikation ist dann, daß gerade München eine Stadt ist, in der man vor lauter Leuten schon lange die Häuser nicht mehr sieht und die Bäume erst recht nicht.

Manchmal sind wirklich so viele Menschen zugange, daß man Platzangst bekommen möchte. Einmal in einer lauen Sommernacht ist unsere kleine Familie, nebst den zwanzig besseren Freunden dieses Abends, zusammen mit etwa dreitausend anderen Leuten im Hirschgarten gesessen und hat die Welt um sich herum vergessen. Als dann unsere arme kleine Tochter vom Kinderkarussell zum Tisch ihrer Lieben zurücklaufen wollte, hat sie uns in der Menschenmasse nicht mehr gefunden. Eine Viertelstunde voller Panik hat das für uns alle bedeutet – dann haben wir sie auf den Schultern eines fremden Mannes wieder gesehen, der sie wie einst Christophorus durch die Fluten trug; erfreulicherweise hat sie laut genug gebrüllt, daran haben wir sie schnell wiedererkannt.

Mir ist die Geschichte jetzt wieder eingefallen, als ich unter den Bildern von Christophorus (oder doch Christopher?) Thomas auch die aus dem Hirschgarten gesehen habe; es ist das nämlich ein Platz, den ich schon immer liebe wie kaum einen anderen in München – nur daß ich jetzt noch ein wenig genauer zu wissen glaube, warum. Im Prinzip habe ich ja gewußt, daß und warum er mir – am Samstagmittag zum Beispiel – am besten gefällt, wenn sich nur ganz wenige Leute auf den Bänken und Wiesen räkeln. Aber hatte ich schon gewußt, daß er womöglich am allerschönsten ist, wenn überhaupt keine Menschenseele darin zu sehen ist? Und daß man das am Ende von weiten Teilen Münchens ganz generell sagen könnte? Jetzt weiß ich es.

Klar, das klingt jetzt ziemlich misanthropisch – solche Anwandlungen sollte man sich nicht allzu häufig gestatten, schon weil man nicht ausschließen kann, daß eine gewisse Menschenfeindlichkeit eines Tages auf einen selbst zurückschlägt, obwohl man persönlich doch überaus sympathisch ist. Aber auf die Nerven kann es einem gelegentlich schon gehen, wie stolz die Münchner auf sich und ihre weltberühmte Lebensart pausenlos sind und wie offensiv sie diesem Stolz Ausdruck verleihen: Manchmal denke ich mir, daß sie sich in regelmäßigen Abständen vorsorglich in Positur stellen, für den Fall, daß ein Bildband-Photograph vorbeikommt und ihnen dabei zuschaut, wie sie die typischen Münchner darstellen. Und dann sehen sie auch so aus, wie das von ihnen erwartet wird: Wenn sie im »Aumeister« Bier servieren, sind sie dralle Mädchen mit tiefen Dekolletees, wenn sie sonnenbaden am Flaucher, dann cremen sie sich mit vorbildlich eingezogenem Bauch höchst anmutig die Busen und Bäuche ein; und wenn es noch nicht ganz so warm ist, dann setzen sie sich in ein Schwabinger Straßencafé und sind so demonstrativ gut drauf, daß jeder Passant, der zufällig schnell zu seiner Arbeit muß, sofort ein schlechtes Gewissen bekommt. Überhaupt sind alle Münchner immer gut drauf und mögen einander – Prost, Herr Nachbar! – sehr gern, vor allem aber mögen sie sich selbst samt ihrer Lebenskunst. Und das beschäftigt sie den ganzen Tag bis abends beim Grillen an der Isar oder wenn sie in der Hirschau beim Bier sitzen und sich davon erholen, daß sie den Tag über in den Schwabinger Straßencafés haben sitzen müssen.

Weil das alles ziemlich anstrengend ist, kommen die Münchner vielleicht gar nicht mehr so recht dazu, sich ihre Stadt anzuschauen und sich zu überlegen, wie schön München erst ohne die Münchner wäre. Dabei ließe sich ein mögliches Ergebnis solcher Überlegungen schnell zusammenfassen: Ohne uns Münchner – und übrigens ist irgendwie jeder ein Münchner, der mal ein halbes Semester hier studiert hat –, ohne uns also wäre die Stadt ganz sicher nicht so münchnerisch, wie sie ist, und nicht so gemütlich und nicht so chic und vital. Dafür aber wäre sie sehr schön und überraschend geheimnisvoll.

Was aber macht dieses Geheimnis aus? Nach Betrachtung der Photos von Christopher Thomas glaube ich, es handelt sich um eine gewisse Unschuld, die zum Beispiel ländliche Schönheiten auszeichnet, wenn sie gerade mal nicht kokettieren müssen. Unschuldig sind dann die alten Brücken über Geleise und Gewässer, unschuldig die alten Schwimmbäder, deren Kindergeschrei man besonders genießt, wenn man es nur aus der Erinnerung in den Ohren hat, unschuldig die alten Straßen, die mit einem Mal wieder so aussehen, wie man sie aus den Kupferstichen des vorletzten Jahrhunderts kennt. Lauter Plätze sind das, an denen man gewöhnlich gar keine Stadt mehr sieht – vor lauter Autos und vor lauter Leuten, die Parkplätze suchen für ihre Autos, und vor lauter Leuten, die sich vor den Autos in die sogenannten Fußgängerzonen flüchten.

Daß die Plätze dieses ganze Personal samt seinem blechernen Zubehör zu ihrer Wirkung überhaupt nicht brauchen, daß sie sogar ohne Rudi Moshammer bestehen können, das merkt der Betrachter nur früh um halb fünf. Um dann verblüfft festzustellen, daß diese Plätze auch für sich allein existieren – solange sie überhaupt noch existieren: Solange nicht wieder eine Versicherung oder ein Autokonzern auf die Idee kommen, ein Verwaltungsgebäude hochziehen zu müssen auf einem grünen Fleck, der bis dahin sehr gut ohne Verwaltungsgebäude ausgekommen ist.

Es gibt Orte in München, die muß es, wenigstens in ihrer Idee, schon lange vor jedem Münchner gegeben haben, und nicht zu ihrem Schaden: Ich persönlich glaube zum Beispiel, daß der Chinesische Turm seit vielen tausend Jahren auf immer demselben Platz vor sich hingeträumt hat, bis eines Tages jemand beschlossen hat, um ihn herum einen englischen Garten anzulegen und später einen Bierausschank, an dem sich seitdem die Biertrinker und die Bierausschenker laut darüber streiten müssen, ob zu viel oder zu wenig Bier in den Krügen ist (es wird nämlich in München, trotz aller Harmonie, manchmal auch bemerkenswert heftig gestritten – jedenfalls, wenn es um die wirklich wichtigen Dinge geht).

Am besten vertragen sich die Münchner vermutlich auf den Friedhöfen – die Toten sowieso, aber auch ihre Gäste untereinander. Die Friedhöfe, das sagt schon der Name, gehören zu den friedlichsten Plätzen der Stadt, außerdem zu den lehrreichsten, und vermutlich strahlen sie deshalb so viel Zauber aus, weil schon tagsüber dort ganz wenig Sportwagenfahrer sich durch die Alleen schlängeln und darauf achten, daß sie bewundert werden. Zu den allerschönsten gehört der Jüdische Friedhof, über den in den Stadtführern wahrscheinlich deshalb so wenig zu lesen ist, weil die vorsichtigen Behörden den immer prima aufgelegten Münchner Bürgern und ihren vergnügten Besuchern doch nicht genug über den Weg trauen.

Noch schöner wäre es auf diesem Friedhof nur, wenn es nicht die Grabsteine gäbe, auf denen gelegentlich zu lesen ist, in welchem KZ der Mensch, der da im Grabe liegt, ums Leben gekommen ist. Dann erschrickt der Besucher und wünscht sich kurzfristig sehr, daß in allen Städten die Menschen nicht nur um halb fünf Uhr in den Betten liegen, sondern möglichst den ganzen Tag lang.

Aber das ist wahrscheinlich zu viel verlangt.

SIEGESTOR

DEM BAYERISCHEN HEERE

GESCHWISTER-SCHOLL-PLATZ

MONOPTEROS, ENGLISCHER GARTEN

CHINESISCHER TURM, ENGLISCHER GARTEN

DIANATEMPEL, HOFGARTEN

HOFGARTEN, RESIDENZ

ODEONSPLATZ

NEUER JUSTIZPALAST

GLYPTOTHEK, KÖNIGSPLATZ

BLICK VON DER ANTIKENSAMMLUNG ZUR GLYPTOTHEK

ANTIKENSAMMLUNG, KÖNIGSPLATZ

BAVARIA

RUHMESHALLE, THERESIENHÖHE

FRIEDENSENGEL

LUITPOLDBRÜCKE

MAXIMILIANEUM

ISARWEHR MAXIMILIANSBRÜCKE

MAXIMILIANSBRÜCKE

MÜLLERSCHES VOLKSBAD, BLICK VON DER LUDWIGSBRÜCKE

DEUTSCHES MUSEUM

HACKERBRÜCKE

ZIRKUS KRONE AM MARSFELD

folgende Doppelseite:

GLEISE AN DER FRIEDENHEIMER BRÜCKE

HAUPTZOLLAMT

KRONE
KRONE

ALTER ISARTALBAHNHOF

ZJA

GLEISE THALKIRCHEN, EHEMALIGE ISARTALBAHN

OKTOBERFEST I, MIT ST. PAULSKIRCHE

Gebrannte Mandeln
Kettenkarussell
FAHRPREIS

OKTOBERFEST II

70
JAHRE WIES'N

OKTOBERFEST III

TOBOGGAN
KASSE
103

OKTOBERFEST IV

Hinrichtungs
Auf geht's beim Schichtl
48

HIRSCHGARTEN I

HIRSCHGARTEN II

AUGUSTINER BIERGARTEN

GASTHOF ZUR MÜHLE BEI STRASSLACH

STANDL AN DER WITTELSBACHER BRÜCKE

Münchens ältestes Standl

HIRSCHAU, ENGLISCHER GARTEN

FREIBAD MARIA EINSIEDEL, THALKIRCHEN

FLORIANSMÜHLE FREIMANN I–III

AM TUCHERPARK, BOGENHAUSEN

ALTER JÜDISCHER FRIEDHOF I, THALKIRCHEN

ALTER JÜDISCHER FRIEDHOF II

ALTER JÜDISCHER FRIEDHOF III

ALBERT NEUSTÄTTER
5. 2. 1874 — 24. 11. 1938
ERMORDET IM KZ DACHAU

ALTER SÜDFRIEDHOF, KAPUZINERSTRASSE

GERNER BRÜCKE, SCHLOSSKANAL NYMPHENBURG

HUBERTUSBRUNNEN, SCHLOSSKANAL NYMPHENBURG

PALMENHAUS, NYMPHENBURGER SCHLOSSPARK

NYMPHENBURGER SCHLOSSPARK

MONOPTEROS, NYMPHENBURGER SCHLOSSPARK

BLUTENBURG

MÜHLBACH, THALKIRCHEN

BURG GRÜNWALD

FLAUCHERSTEG

FLAUCHER

folgende Doppelseite:

ISAR, MARIA EINSIEDEL

MARIENKLAUSE, HELLABRUNN

MDCC CLXVI

WASSERTURM IN PULLACH

folgende Doppelseite:

MÜHLTAL BEI STRASSLACH

STAUWEHR IM MÜHLTAL BEI STRASSLACH

Unbefugten

DEININGER WEIHER I

DEININGER WEIHER II

DEINIGER WEIHER III

WÜRM BEI PERCHA

STARNBERGER SEE BEI KEMPFENHAUSEN

STRANDBAD FELDAFING

AUMÜHLE

ALLEE EBENHAUSEN

DENKMAL FÜR LUDWIG II., STARNBERGER SEE BEI LEONI

LUDWIG II KÖNIG VON BAYERN

Dank an:
Nina, Lucy, Ella
Elke Adam, Dagmar Staudenmaier
Marco Brunetti
Betty Schoener, Monika Ribbe
Josef Schaaf
Robin Rehm
Eva Fischer, Jan Weiler
Christian Ude, Herbert Riehl-Heyse

Technik:
Kamera – Linhof Technika, Großformat 4/5'
Film – Polaroid 55 P/N

Der Text von Herbert Riehl-Heyse wurde unter dem Titel »A Ruah is«
im *Magazin* der *Süddeutschen Zeitung* erstmals am 16. 11. 2001 veröffentlicht.
Der Wiederabdruck erfolgt mit freundlicher Genehmigung von Gabriele Riehl.

Lithos: NovaConcept, Berlin
Satz: Huber, Germering
Druck und Bindung: Passavia, Passau

ISBN 3-8296-0199-9

Eine Schirmer/Mosel-Produktion
www.schirmer-mosel.com